Alfred Reichel
Bier-Liebes-Gedichte

© 2013, Alfred Reichel

Layout, Satz & Umschlaggestaltung: Max Rieger
Herstellung und Verlag: Books on Demand GmbH, Norderstedt

ISBN 978-3-7322-4866-7

Bibliografische Information der Deutschen Nationalbibliothek
Die Deutsche Nationalbibliothek verzeichnet diese Publikation in
der Deutschen Nationalbibliografie; detaillierte bibliografische
Daten sind im Internet über www.dnb.de abrufbar.

Dem Bier und der Liebe gewidmet.

Die Liebe hört niemals auf.
(1 Kor 13, 8)

Bier und Du (Bierliebesgedicht)

Du bist der Alkohol in meinem Bier.
Ich bin schon ganz besoffen nach dir.
Du bist die Hefe in meinem Hefeweizen.
Du tust nicht mit deinen Reizen geizen.
Du bist im Pils die süße Bittere.
Ich in deiner Nähe ganz erzittere.
Du bist des Bieres prickelnde Kohlensäure.
Ich deine Freundschaft nie bereue.
Du bist brünett wie Bier.
Komm und tanze mit mir.
Du bist wie im Bier das Malz.
Ich nach dir mit der Zunge schnalz.
Du bist so zart wie Bierschaum.
Du bist mein schöner Traum.
Du bist wie im Bier der Hopfen.
Lass mich an deine Herzenstür anklopfen.
Du bist wies Bier ein Gedicht.
Ich liebe dich.

aus: Reichel, Alfred: Noch mehr Bier-Gedichte.
Books on Demand, Norderstedt 2013

Vorwort des Autors

Viele erfolgreiche literarische oder filmische Mehrteiler sind Trilogien; so auch momentan diese Bier-Gedichte-Reihe. Das Verbindende der drei Gedichtbände ist natürlich das Bier. War das Bier aber noch meist der thematische Mittelpunkt in *Bier-Gedichte*, so waren in *Noch mehr Bier-Gedichte* bereits die Schwerpunkte etwas breiter aufgestellt. Um Bier selbst geht es oft nur noch oberflächlich in *Bier-Liebes-Gedichte*. Bier ist hier oftmals „nur" das Transportmittel, das Vermittelnde für meist allerlei Liebesangelegenheiten. Zwar nicht immer geht es in den 146 vorliegenden Gedichten um die Liebe, aber sehr häufig. Immer aber sind es Biergedichte. Fast ausnahmslos zeitlose Gedichte. Ein paar wenige, die auch aktuelles Zeitgeschehen festhalten bzw. begleiten.

Für wen sind die Bier-Liebes-Gedichte geschrieben? Für (nahezu) alle. Tatsächlich können sich bestimmt die meisten Leser darin auch wiederfinden.

Weil der Stadt, im Juli 2013   Alfred Reichel

#1
Ich liebe dich – Bier-Liebes-Gedicht (ohne Bier)
Ich liebe dich so sehr
und jeden Augenblick etwas mehr.
Du bist die goldene Nadel im Heuhaufen.
Für dich würde ich bis ans Ende der Welt laufen.
Du bist der Sonnenaufgang am Morgen.
Deine lieben Küsse vertreiben meine Sorgen.
Du bist der Deckel auf meinem Topf.
Ich kriege dich nicht mehr aus meinem Kopf.
Ich könnte ständig von dir schwärmen
und mich in Gedanken an dich erwärmen.
Wir schreiben uns Smsen zuhauf.
Wie ein Schwamm saug ich sie auf.
Und mit jeder Sekunde, die soeben vergangen,
steigt in mir das Verlangen.
Das Verlangen dich zu berühren.
Ach, wie gerne ließe ich mich jetzt verführen.
(Bisher war's ein Gedicht ohne Bier.
Oh – jetzt steht „Bier" hier.)

#2

Stärke (Schwäche)
Ich bin deine,
du bist meine.
Und ich hab noch eine außer dir,
das ist das Bier.

#3

Liebeserklärung
Ich liebe zwar Bier.
Aber wenn ich bin zusammen mit dir,
dann gibt's nur dich
für mich.

#4

Du
Ich wünschte, du wärst Bier.
Ich würde mich betrinken an dir.
Mit jedem Schluck stilltest du etwas meine Gier
und meine Sehnsucht nach dir.
Aber nie wirklich könnte ich mich satt trinken an deinem Bier,
ich wäre süchtig, ich bliebe sehnsüchtig und gierig nach dir.

#5

Liebe Bierkönigin
Liebe Bierkönigin, ich freu mich wie ein kleines Kind
auf die Zeit, die wir bald wieder zusammen sind.
Wir küssen uns, wir trinken Bier;
einfach herrlich ist's mit dir.

#6
Liebe
Schön, dass es dich gibt.
Ich bin wahnsinnig in dich verliebt.
Die Sehnsucht ist oft fürchterlich,
denn ich liebe dich <3
Um mich hier und da etwas abzulenken,
tue ich mir Bier-Gedichte ausdenken.

#7
Zärtlichkeiten
Komm, wir gehen zu mir oder zu dir,
trinken zuerst ein erfrischendes Bier.
Dann lass uns zärtlich sein.
Danach trinken wir noch ein wenig Wein
und schlafen zufrieden zusammen ein.

#8
Love
Beer tastes a little bit bitter.
I like this and drink daily one liter.
Your kisses taste so sweet.
Beer and you are all I need.
I love you.
And I love beer too.
Beer, beer, beer.
You, you, you.
Love, love, love.

#9
Die schönsten Stunden
Mit vielleicht ein wenig Bier intus ein Bier-Gedicht geschrieben,
dann zur Freundin, um zu reden, zu lachen und sie zu lieben,
dann später die Gedichte korrekturgetrunken,
inzwischen von Liebe, Bier und Gedichten leicht betrunken.
So reiht sich Sekunde an Sekunde,
so vergehen die schönsten Stunden.

#10
Anziehungskraft
Meine Sehnsucht, Lust und Gier
sind anziehend nach dir
wie zwischen viel Plus- und Minusladung,
wie zwischen magnetischer Nord- und Südpolpaarung,
wie zwischen großem Durst und erfrischendem Bier.
Ich liebe dich dafür.

#11
Bierentdeckung
Ich hab für mich schon früh entdeckt,
dass Bier mir einfach herrlich schmeckt.
Drum - keine Frage –
trink ich Bier an möglichst jedem Tage.

#12
Ich liebe dich und Bier
Ich liebe dich, Himmel Herrgott Sakrament.
Ich liebe des Bieres 5 Prozent.
Ich liebe deine Haare.
Ich liebe Bier wie keine andere Getränkeware.
Ich liebe deinen roten Mund.
Ich liebe den Biergeschmack, herb und rund.
Ich liebe deine strahlenden Augen, welch ein Traum.
Ich liebe des Bieres Schaum.
Ich liebe deine Stupsnase.
Bei Bier gerate ich leicht in Ekstase.
Ich liebe deine Haut, die Glatte.
Ich liebe die leichte Biersüße nach Zuckerwatte.
Ich liebe dein Parfüm, fruchtig und dezent.
Ich liebe Bier, leicht rezent.
Ich liebe den Geschmack deiner Haut, leicht salzig.
Ich liebe den Biergeschmack leicht malzig.
Ich liebe auch den ganzen Rest,
dich morgen zu lieben wird ein Sinnenfest.
Ich liebe Bier, jeden Schluck und jeden Tropfen,
sauber hergestellt aus Gerstenmalz. Wasser, Hefe und Hopfen.
Ich liebe dich von oben nach unten, von Westen nach Osten.
Ich liebe es, gutes Bier zu verkosten.

#13
Sehnen
Vermisse dich.
Küsse dich.
Liebe dich.
Trinke Bier
am liebsten mit dir.

#14
Lust
Ich bin voller Lust nach dir,
mehr als ich bin voller Lust nach Bier.
Das ist manchmal lustig.
Ein andermal ist das aber gar nicht lustig.
Lustig ist's, wenn ich meine Gelüste befriedigen kann.
Gar nicht lustig ist's, wenn ich komm an dich und an Bier nicht ran.

#15
Hochgenuss mit Bier und Dir
Bier war für mich schon immer ein Genuss.
Dann gabst du mir irgendwann zum Bier einen Kuss.
Seither ist Bier mit dir ein Hochgenuss.

#16
Bierküsse
Ich freu mich auf Küsse von dir.
Wie viele vor dem Bier,
und wie viele nach dem Bier,
bleibt überlassen dir.
Hauptsache, es sind sehr viele.
Das bleibt eins meiner wichtigsten Ziele.
Wie oft wir uns küssen,
hängt davon ab, wie oft wir atmen müssen.
Möchte auch die Zukunft unbedingt mit dir erleben,
würde gerne weiterhin mit dir im 7. Himmel schweben.

#17
Tagesschluss
Gegen abendlich bohrenden Hunger und unbändigen Durst
helfen hervorragend Bier und Käs' oder Wurst.
Dazu und hinterher von der Freundin noch einen Kuss,
viel mehr braucht's nicht für einen Tag mit köstlichem Schluss.

#18
Bierische Angebote
„Koste mich.
Schlürfe mich.
Genieße mich.
Trinke mich.
Stille deinen Durst mit mir.
Betrinke dich an mir.
Versinke in mir.
Lenke dich ab mit mir."
Sagt zu mir
das Bier.

#19
Versüßt
Heute wird mich wieder meine Freundin küssen
und mir so den Salbeitee trotz Erkältung versüßen.
Der so liebevoll versüßte Salbeitee
schmeckt besser wie mancher Hopfentee.

Aber es ist nochmal so schee,
hab ich geküsst versüßten Hopfentee,
wenn ich mal hab ein Weh-Wehchen
an meinem kleinen Zehchen.

#20
Biersuppe, -soße, -königin
Ich mag keine Biersuppe.
Ich mag dagegen Bier zur Suppe.
Ich mag Biersoße,
aber noch mehr mag ich Bier zur Soße.
Ich liebe meine liebe Bierkönigin.
Mit ihr beim Bier, das gibt meinem Leben Sinn.

#21
Wochenendbeziehung
Von Montag bis Freitag
ist meist jeder Tag ein Scheißtag.
Wir trinken nicht zusammen.
Wir essen nicht zusammen.
Wir schlafen nicht ein zusammen.
Wir sind nicht zusammen.

Die Samstage und Sonntage
sind unsere Tage!
Wir trinken Bier zusammen.
Wir essen zusammen.
Wir schlafen ein zusammen.
Wir sind zusammen.

#22
Bauchnabel voller Bier
Hmm, was trink ich nur aus dem Bauchnabel meiner Freundin?
Vielleicht Gin?
Nein,
lass das sein.
Vielleicht Sekt – wie üblich?
Nein, wie kümmerlich.
Ich hab's: Ich schlürfe Bier
aus dem Bauchnabel von ihr!
Das prickelt wie Sekt und ist lecker wie Gin.
Bier macht so aus meiner Freundin meine Bierfreundin ;)

#23
Entzückend
Um mich zu entzücken,
braucht man mich nur mit Bier zu beglücken.
Zusätzlich kann mir meine Freundin mit ihren Küssen
mein Leben herrlich versüßen.

#24
Rund um die Uhr
Morgens eine Stunde nach vier,
ich hab weder getrunken Kaffee noch Bier
und ich denk schon an Liebe mit dir.
Kurz vor sieben
denk an nichts anderes als daran, dich zu lieben.
Rund um die Uhr
möchte ich dich lieben nur.
Ich verspreche dir,
das machen wir.

#25
Dinge für die Ewigkeit
Hat alles seine Zeit?
Gibt's denn nichts für die Ewigkeit?
Doch. Die Liebe zu Bier
und die Liebe zwischen dir und mir.

#26
Hoffnungen
Wie stelle ich mir meine Zukunft vor?
Wie geht das Leben weiter?
I hope learning more and more.
Ich hoffe, es verläuft sinnvoll und heiter.
Ich hoffe, wir sterben nicht zu bald
und werden alle gesund uralt.
Ich hoffe, ich erlebe das alles zusammen mit Bier
und natürlich mit dir.
Ich hoffe, wir bleiben ewig zusammen.
Amen

#27
Liebesbekenntnisse
Ich liebe dich mehr als Wurstsalat oder Parmaschinken,
meinetwegen musst du dich nicht schminken.
Und ich schwöre dir,
ich lieb dich sogar ein klein wenig mehr als Bier.
Selbst mit rotglühender Glühwürmchennase würde ich dich küssen,
ich tue dich wirklich sehr vermissen.

#28
Wende mit Bier und Liebe
Heute war's nicht mein Tag.
Überhaupt kein Tag, wie ich ihn mag.
Ich trinke jetzt ein –nein- besser zwei Bier gegen den Frust.
Ich denke dabei an die Freundin voller Liebe und Lust.
Schöne Gefühle breiten sich dabei aus in meiner Brust.
So nimmt der Tag doch noch eine Wende
hin zu einem guten Ende.

#29
Bei Bier und Wein
Bei Bier und Wein
denk ich oft, warum konnte es nichts mit uns sein.
Zu viele gegenseitige Kompromisse
wären am Ende Selbstbeschisse.
Wir hätten uns halt sehr verbiegen müssen.
So was hielte wohl keine Beziehung aus.
Dabei wollte ich dich so gerne noch so oft küssen.
Aber leider ist's aus.
Bei Bier denk ich oft darüber nach,
woran wohl unsere Liebe zerbrach.
Du nahmst oft Reißaus,
das war auf die Dauer das Liebesaus.

#30
Frühlingsimpressionen
Endlich sonnig, 20 Grad,
jetzt im Zimmer zu versauern, wäre schad.
Nichts wie raus
aus dem Haus.
Hinaus in die Natur,
dort wo's gibt Leben pur.
Die Krokusse blühen, es riecht nach Gras.
Der Himmel blau, ich wünsch mir was.
Ich wünsche mir, du wärst jetzt hier
und wir prosteten uns zu mit Weizenbier.
So sollte es viel häufiger sein -
Zusammensein im Sonnenschein.

#31
Schön, schöner, am schönsten
Schön ist's in der Fuggerei.
Schöner ist's in einer Brauerei.
Am schönsten aber ist's, wenn du bist dabei.
Mit dir vielleicht im Biergarten, vielleicht im Mai.

#32
Liebesschluss mit Bier
Du bist so wunderschön.
Herrlich ist's dich anzuseh'n.
Noch herrlicher ist's dich zu berühren,
beim Versuch dich zu verführen.
Um danach dann von der Liebe auszuruh'n,
kann man nichts besseres tun,
als Bier zu trinken voll Genuss.
Dies ist dann der wunderbarste Liebesschluss.

#33
Paradiestraum
Ich träumte vom Paradiese,
wir saßen dort auf einer grünen Wiese.
Wir wurden bedient von hübschen Engelein,
sie brachten uns köstliches Bier gar fein.
Wir tranken Bier in einem fort,
doch der Bierdurst blieb, er ging nicht fort.
So tranken wir halt weiter
und waren froh und heiter.
Kein Kopfweh stellte sich ein,
herrlich war's im Paradies zu sein.

#34
Allein bei Bier und Wein
Richtig ist, ist man allein,
muss man sein Bier und Wein nicht teil'n.
Aber allemal besser ist zu teilen Bier und Wein,
als allein bei Bier und Wein zu sein.
Denn schöner ist's mit dir zu zwein
als allein.

#35
Gutes Bier mit Kuss
Heute war ein nass-kalter Tag -
so wie ich ihn gar nicht mag.
Ich brauch jetzt was, was meiner Seele gut tut.
Etwas gegen die innere Glut.
Gibt's was Besseres als ein gutes Bier?
Ja, zwei gute Bier!
Und danach zum Tagesschluss
noch von dir 'nen dicken Kuss.

#36

Wartebier
Erwartungsvoll auf den Frühling warten.
Aufgeregt auf einen VfB-Sieg warten.
Ständig auf das große Geld warten.
Ungeduldig auf bessere Zeiten warten.
Warten, warten, warten.
Nerviges Warten, aufreibendes Warten.
Besser sich mit Gegenwärtigem ablenken.
Dem Schönen im Jetzt Platz schenken.
Die Ungeduld bei Seite schieben.
Abwarten und lieben.
Nicht in Depressionen versinken.
Abwarten und Bier trinken.
Warten mit Wartebier begießen
und so das Warten genießen.

#37

Ja
Ich bin gerne bei dir.
Du bist gerne bei mir.
Heißt das, wir lieben uns?

Ich trinke Bier.
Du trinkst Bier.
Heißt das, wir lieben Bier?

Ich spiele Fußball.
Ich schaue Fußball.
Heißt das, ich liebe Fußball?

Ja! Ja! Ja!

#38
Die Liebe hört niemals auf (Bibelspruch)
Die Liebe hört niemals auf.
Verlassen wir uns drauf.
Verlassen wir uns auf ewige Liebe zu Bier
und auch auf unsere Liebe zwischen dir und mir.
Nicht zu vergessen, die Liebe zwischen uns und Gott,
denn er liebt uns und ist nicht tot.
Die Liebe währt ewiglich –
hoffentlich!

#39
Mir, bitte ein Freibier!
Hey Liebchen,
wie wär's mit einem Bierchen?
Lass dich nicht lumpen,
spendiere mir `nen Humpen.
Bring mir ein Bier geschwind,
mein liebes Kind!
Im Voraus schon mal vielen Dank
für diesen kostenlosen Trank.

Solch kleines spendiertes Glück ist eines der Sachen,
die das Leben erträglicher machen.

#40
Ängste
Ich bin alt.
Holt mich der Tod schon bald?
Ich hab Angst vor Krankheit, Schmerzen und Tod.
Wer hilft mir aus meiner Not?
Die Hoffnung auf Gott, die Liebe und gutes Bier auf Erden hier,
die helfen mir.
Also, beten und abwarten.
Lieben und abwarten.
Bier trinken und abwarten.
Nur die Guten kommen in den Biergarten.

#41

Bier im Glas
Ich trink nicht dies, ich trink nicht das,
ich trink heut mal ein Bier im Glas.
Das Bier ins Glas ich gleich karaffiere,
bestaune dann die Schönheit von dem Biere.
Farbe, Schaum, Aroma liebkosen mir
die Sinne. Was bist du schön, mein Bier!
Bier trinken aus Flaschen,
das ist etwas für die durstigen Raschen.
Hin und wieder Bier aus dem Glas,
das hat schon was. Das macht den Sinnen Spaß.

#42

Halbvoll
Der Bierkrug ist noch halbvoll,
das liebe ich, das find ich toll.
Ein andermal ist er schon halbleer,
besser wär's, wenn dann noch mehr drin wär.

#43
Erinnerungsfetzen
Erinnerungen kommen mir, noch leicht im Schlaf versunken:
Gestern von Bier und Liebe betrunken,
torkelte ich herum
wie ein besoffenes Opossum.

#44
We love drinking beer
This year the summer isn`t very hot,
but nevertheless we drink beer a lot.
It also doesn't matter how the weather is in autumn, winter and spring
we always sing:
We love drinking beer
all around the year.
Beer, beer, beer…

#45
Beer
Beer is more than just a 4-letter word
I love beer.
And I love you my dear.

#46
Dear beer
Hello beer
I am here.
Beer, I love you.
I hope you love me too.
Make me glad.
Make me sad.
Don`t make me mad.

#47
Beer-prayer
Beer you make me feel good.
Beer you come from god.
God let me drink beer
for at least another year.

#48
Amsterdam
Amsterdam
here I come.
Coffee shops bäh
Heineken yeah!

#49
Die Bier-Freundin
Ich trinke gerne en masse
Bier vom Fass.
Alleine Bier zu trinken, macht keinen Spaß.
Das ist selbst der Fall bei einem Bier vom Fass.
Lieben kann man nicht wirklich alleine.
Und Küssen kann man auch nicht alleine.
Deshalb als Freundin suche dir
eine, die dich liebt, küsst und trinkt mit dir Bier.

#50
Noch 1 Tag
Konnte kaum ein Auge zutun,
konnte heut Nacht kaum ausruh'n.
Musste immer schon an Morgen denken,
konnte davon nicht mal mit Bier meine Gedanken ablenken:
Morgen werden wir uns berühren,
morgen wirst du mich verführen.
Freu mich auf dich,
liebe dich.
Noch ein Tag.
Unglaublich, wie sehr ich dich mag.
Draußen ist's schneeweiß,
ich denk an dich und mir wird heiß.

#51

Keine Zeit

Sie hatte früher keine Zeit auf ein Bier.
Sie hatte früher keine Zeit für die Liebe.
Immer noch viel zu selten hat sie Zeit auf ein Bier.
Immer noch viel zu selten hat sie Zeit für die Liebe.
Wohin soll das nur führen,
wenn Bier und die Liebe können sie nicht verführen?
Wann hat sie endlich Zeit für Bier und die Liebe?
Schön wär's, wenn sie mal für Bier und Liebe bei ihm bliebe.

#52

Bier – Die Antwort

Was stimmt uns auf „fröhlich sein" ein?
Das Bier.
Was schmeckt besser als so mancher Wein?
Das Bier.
Was reimt sich auf „wir"?
Das Bier.
Was trinkt der Mann am Klavier?
Das Bier.
Was macht zu muntere Männer müde?
Das Bier.
Was kommt bei mir in die Einkaufstüte?
Das Bier.
Was schenk ich mir gerne ins Glas ein?
Das Bier.
Wovon darf's auch gerne ein zweites, drittes oder mehr sein?
Vom Bier.
Was inspiriert und besänftigt zugleich den Geist und die Triebe?
Das Bier.
Was hat fünf Buchstaben wie „Liebe"?
Biere.

#53
Lauf der Zeit
Das leere Glas wird mit Bier gefüllt
und leer getrunken.
Wieder mit Bier gefüllt
und leer getrunken.
Und immer wieder mit Bier gefüllt
und immer leer getrunken…
Und in 120 Jahren wird eine neue Erdbesatzung
noch dasselbe tun, das ist meine Einschätzung.
So ist der Lauf der Zeit,
jetzt und in alle Ewigkeit.
Bier ist eben geschaffen, von Menschen getrunken zu werden.
Bier ist wie die Liebe dazu da, etwas vom Paradies hierher zu bringen auf Erden.

#54
Wünsche & Sehnsüchte
Jedes gute Bier
sollte enden in mir.
Außer nach Bier, bleibt noch zu erwähnen,
tu ich mich fürchterlich nach meiner Freundin sehnen.

#55
Bauchgefühl
Bin ich bei dir,
gibst du mir dein bestes Bier.
Bist du bei mir,
gebe ich dir mein bestes Bier.
Liebe geht durch den Magen,
höre ich meinen Magen sagen.
Du liebst mich
und ich liebe dich.

#56

Drehwurmbier
Die Erde dreht sich mit oder ohne Bier.
Sie dreht sich auch mit oder ohne mir.
Und auch sogar mit oder ohne dir.
Aber sie dreht sich mir nur schön mit dir und Bier.

#57

Vom Denken, Trinken, Lieben
Denkt doch was ihr wollt.
Trinkt doch was ihr wollt.
Liebt doch wen ihr wollt.
Ich jedenfalls denke an ein Bier.
Sogleich trinke ich mein Bier.
Was die Liebe betrifft gehört sie dem Bier
und ganz besonders natürlich dir.

#58

Maxx Liebe
Maxx Liebe ist ein Mann,
der große Mengen saufen kann.
Er trinkt täglich viel Bier, so etwa 10 Flaschen.
Wer ihn kennt, den tut das nicht überraschen.
Maxx hat eine Bierfahne und einen Bierbauch
und neben einer roten Birne, eine rote Nase auch.
Bei Familie Liebe scheint das Saufen Brauch,
denn Frau, Tochter und Sohn, die saufen auch.
Sie wissen zwar, so viel Bier ist zu viel des Guten,
sie tun's aber trotzdem ihrer Gesundheit zumuten.
Für sie ist bedauerlicherweise das Bier schon zu wichtig.
Sie sind leider alle Alkohol-süchtig.

#59
Kuriosität in blau
Er träumte, er hätte blaue Blutkörperchen,
aufgrund der vielen getrunkenen Bierchen.
Das blaue Blut machte ihn zu einem Supermann,
der besonders gut rennen, lieben und sogar fliegen kann.
Aber je weniger Bierchen er trank,
umso mehr sein blauer Blutkörperchenspiegel sank.
Das wollte er natürlich nicht,
denn er war ja auf seine Superkräfte erpicht.
So trank und trank er, besser gesagt er soff,
denn nur so bekam sein Körper genügend Stoff.
Aber wenn das Trinken wird zum Muss,
dann verschwindet bald der Trinkgenuss.
Nach dem Aufwachen war er echt froh,
dass es im wirklichen Leben ist nicht so.
Da trinkt er Bier, wenn er will und mag.
Und mag er mal nicht, dann lässt er's halt an dem Tag.

#60
Neulich bei der Verkehrskontrolle
Herr Wachtmeister, was reden Sie denn hier für Sachen?
Darüber kann ich gar nicht lachen.
Lieber Wachtmeister, Sie meinen ich hätte eine Bierfahne?!
Dabei hab ich doch nur zwei Tassen Kaffee getrunken mit Sahne.
Ok, ok. Hinterher ein oder zwei Bier,
die gönnte ich mir.
Ich schwör, maximal waren's allerhöchstens vier,
was ich getrunken hab an Bier.
Ich geb ja zu, ich trank die vier aus großen vollen Krügen
schnell aus in langen Zügen.
Also, das mit der Bierfahne kann nicht sein,
das finde ich von ihnen jetzt echt gemein.
Ich hab doch nicht wirklich viel Bier getrunken,
ich hab schon immer aus dem Mund nach Bier gestunken.
Lieber Herr Gesangsverein,
Sie sind groß und ich fühl mich klein.

#61
Frohe Ostern
Im Traum suchte ich mein Osterei.
Ich wachte auf und fand gleich zwei.
Frohe Ostern wünschen euch allen hier
Alfred Reichel und sein geliebtes Bier.

#62
Kalt
Kalt ist's. Gefühlte minus 20 Grad.
Vor mir steht ein Wurstsalat.
Ach, wie schön wär jetzt ein Bierchen
-         nicht zu kalt, eher warm.
Davon nur drei, vier Schlückchen.
Ach, wie täte das gut meinem Darm.
Noch besser täte mir
allerdings ein Kuss von dir.

#63
Nikolausbier
Deine süßen Küsse
sind mir viel lieber als dem Nikolaus seine Nüsse.
Küsse bekommst du auch von mir
und gerne zusätzlich noch ein Nikolausbier.

#64
Besinnliche Adventszeit
Advent ist's - die hektische Vorweihnachtszeit.
Draußen ist's kalt. Es schneit.
Advent sollte eigentlich besinnlich sein.
Nimm dir öfter eine Auszeit und sag zum Trubel nein.
Trink besinnlich ein oder besser zwei Flaschen köstliches Weizenbier
und die weihnachtliche Ruhe kehrt ein in dir.

#65
Gedanken beim Weihnachtsbier
Es schneit, schneit, schneit.... ganz leise und fein.
Der Winter zieht in Deutschland ein.
Der Alfred trinkt jetzt Weihnachtsbier
und weiß, Weihnachten steht vor der Tür.
Er trinkt, trinkt, trinkt in einem fort
und denkt sich dabei an einen wärmeren Ort.

#66
Frohe Weihnachten
Ich wünsche allen Bier-(Gedichte-)Fans frohe Weihnachten!
Tut über Weihnachten auch auf eure Gesundheit achten!
Trinkt statt Weihnachtsbier mal Kamillentee!
Ha, ha, ha. Bloß nicht nee, nee, nee!
Zu einem schönen Weihnachtsfeste gehört ein gutes Bier.
Das muss ich euch nicht sagen, so was wisst ihr (eh).

#67
Schwäbisches Evangelium nach Reichel
Wär dr Jesus als Weil dr Städter gebora,
dann häd er bestemmt guats Bier oder Moscht als sei
Lieblingsgetränk auserkora.
Ond als Schwob, des sag i dir,
häd er bei dr Hochzig zu Kana omgwandld Wasser statt en
Wei en Bier.
Ansonsten wär dr schäbische Jesus au voller Nächstenliebe
und so prima Sacha,
die mir a bissle könnded ihm noachmacha.

Schwäbisches Evangelium nach Reichel
(Hochdeutsche Version)
Wäre Jesus als Schwabe geboren,
dann hätte er sicher gutes Bier oder Most als sein
Lieblingsgetränk auserkoren.
Und als Schwabe, das sage ich dir,
hätte er auf der Hochzeit zu Kana umgewandelt Wasser statt
in Wein in Bier.
Ansonsten wäre der schwäbische Jesus auch voll der
Nächstenliebe und anderer prima Sachen,
die wir ihm ein wenig könnten nachmachen.

#68
Bierklöße
Ich bin zwar als Gourmet kein Franzos,
ich mag statt Schnecken lieber einen Kloß.
Deshalb investier ich gerne ein paar Euros
in einen großen Thüringer Kloß.
Dazu eine dunkle Biersoß
und ein Schwarzbier rundet das ab ganz famos.
Mit so viel Bier wird dann aus einem guten Kartoffelkloß
ein herrlich lecker-schmeckender Bierkloß.
Ein Prosit
und guten Appetit!

#69
Biertrinken
Biertrinken ist für mich mehr
als nur Durst löschen - vielmehr.
Biertrinken ist auch Abschalten, Meditation,
Entspannung, Genuss, Inspiration,
das Paradies auf Erden, Einswerden mit der Natur,
eine sinnvolle Beschäftigung, Natur pur,
Freude am Leben, Entstressen, Sinnfindung,
Auftanken, Abtauchen, Sinneserweiterung,
etwas, wofür ich gerne ausgebe mein Geld,
die zweitschönste Sache der Welt…

#70
Bier – was sonst
Ich bin ich und ich trinke am liebsten Bier.
Das ist so, weil ich beim Trinken nicht gern `was riskier.
Egal ob als Freibier oder als Bier nicht umsonst:
Bier – was sonst?!

#71
Konterbier
Gleich beim Wachwerden nach der langen Fasnetsnacht
ein großes Glas Konterbier getrunken ganz sacht
und schnell verschwunden sind Kopfweh und anderer Fasnets-Verdruss,
denn solch ein so verabreichter Hopfensaft ist eben ein Antikater-Hochgenuss.
Wichtig ist, dass man daran glaubt,
dass durch Konterbier wirds Kopfweh abgebaut.
Liebes Bier, in der Funktion als Konterbier,
bist du an solchen Tagen mein liebstes Bier.
AHA, Helau, Alaaf, Narri-Narroooo!
Prost und Zum Wohl ebensooooo!

#72
Abzählreim für Biertrinker
Bieribaribu
und raus bist du.
Raus bist du noch lange nicht,
sage erst auf ein Biergedicht.
…

#73
Schwüre
Er hat Bier getrunken viel zu viel.
Jetzt hat er einen Affen, den er gar nicht will.
Es ist zum Haare raufen,
immer dieses Saufen.
Er mag nicht Kopfweh, Übel- und Müdigkeit.
Was er liebt, sind Fitness und Heiterkeit.
Ab sofort maximal zwei Bier,
das schwört er mir.

#74
Nie zu spät
Es ist nie zu spät,
gib deinem Leben mehr Qualität.
Es ist dabei nie zu spät
für mehr Kreativität.

Es ist nie zu spät,
schau, dass noch was geht.
Reiß aus, aus deiner Realität.
Du hast die nötige Genialität.
Stell dir vor, das Leben sei ein großes Spiel.
Also spiel.
Such dir Ziele.
Hab Ziele.
Hier ein paar Beispiele:

Es ist nie zu spät,
tu (mehr) was du magst.
Es ist nie zu spät,
sei einfach du.
Nur wer mit sich zufrieden ist,
ist auch mit anderen zufrieden.
Bier macht zufrieden.

#75
Bierlöslichkeit
Durst ist bierlöslich,
kleine Sorgen auch.
Das ist höchst erfreulich.
Das macht mich froh und glücklich auch.
Leider gilt die Bierlöslichkeit nicht für die großen Sorgen,
die lösen sich nicht auf, die sind noch da am nächsten Morgen.

#76
Chronische Biertrinker
Wir trinken uns durchs Leben.
Aber solange wir trinken, leben wir noch.
Wir hangeln uns von einem Bier zum nächsten.
Dazwischen tun wir alle möglichen Sachen,
die ab und zu auch Freude machen.

#77
Biereierlikör
Bier + Zucker + Ei + Doppelkorn geben kein Malheur.
Nein, das Ganze nennt sich BIEREIERLIKÖR.
Nimmt man noch dazu ein Bio-Ei ,
dann sind's der Eier zwei
und es ist der letzte Schrei.

#78
Liebesdurst
Die Liebe ist ständiger Durst.
Dieser Durst kann nicht gebändigt werden mit Bier.
Meiner kann nur kurz besänftigt werden von dir.

#79
Bier und/oder Liebe
„Wer liebt braucht kein Bier."
„Wer Bier hat, braucht sich nicht zu verlieben."
Quatsch – Ich brauche Bier
und jemanden zum Lieben.

#80
Liebesbier
Gäbe es dich als Bier,
würde ich dich nur in großen Mengen genießen.
Ich hätte dich immer vorrätig als Liebesbier bei mir.
Und nichts könnte mir den Tag verdrießen.
Morgens würde ich bereits einen Schluck davon in den Kaffee geben.
Mittags ließe ich mit einem großen Glas Liebesbier das Leben hochleben.
Abends würde ich mich vollends mit Liebesbier betrinken, um danach herrlich in die süßesten Träume von dir zu versinken.
Du wärst an jedem Tag bei mir.
Du, mein Liebesbier.

#81

Vfb - FC Bayern (19. Spieltag am 27.1.2013)
Um 17.30 geht's heut los,
da spielt dann der VfB ganz famos.
Ich bin überzeugt, unser VfB wird gewinnen
und wir Fans lassen dazu Stuttgarter Bier durch unsere Kehlen rinnen.
Wir werden die Bayern mit 2:1 schlagen
und sie zurück in den tiefsten Süden jagen.
Olé, olé VfB!
VfB, olé, olé!
(Nachtrag:
Der VfB Stuttgart hat 0:2 verloren, leider.
Dafür kommen wir hoffentlich im März im DFB-Pokal weiter.
Dann könnten wir vielleicht im Finale wieder gegen den FC Bayern spielen
und hoffentlich dort gewinnen mit mehr Konzentration und mehr Siegeswillen.
Nachtrag zum Nachtrag:
Letztendlich verlor der VfB gegen den FC Bayern im DFB-Pokal-Finale mit 3:2
und so brach auch dieser Titeltraum für den VfB entzwei.)

#82

Lazio Rom – VfB (14.3.2013)
Nachher geb ich's mir.
Ich schau VfB zum Bier.
Werde mir zuvor ein Präventivfrustbier geben
und wenn's sein muss noch 2 zum Spiel heben.
Bier macht manchmal Fußball erst erträglich,
deswegen vorsorglich feucht-fröhlich.
(Leider ging das Spiel mit 3:1 zu Ungunsten des VfBs aus und der VFB war aus der Europa League raus.)

#83
VfB Stuttgart – SC Freiburg 2:1!! (17.4.2013)
Mittwoch: Sommerlicher Abend im April -
ein Abend wie du und ich ihn will.
Der VfB hat mit 2:1 das DFB-Halbfinale gewonnen,
bei den Freiburgern sind Tränen geronnen.
Die Freiburger fuhren bedröppelt nach Haus
und tranken unterwegs das eine oder andere Rothaus aus.
Wollen die Freiburger internationalen Fußball sehen,
dann müssen sie halt nächste Saison donnerstags zum VfB
gehen ;-)
(Der SC Freiburg hat die Teilnahme zur Europa League
durch einen 5. Platz in der Bundesliga dann doch noch
geschafft.)
Nr. 84
Champions League Halbfinals 2013
Bier : Vino 11:3 –
Der deutsche Fußball zieht am Spanischen vorbei.
Bayern und Dortmund haben Madrid und Barcelona besiegt.
Die Spanier haben ein paar zwischen die Hörner gekriegt.
Sauer schmeckt der Vino jetzt dem spanischen Stier.
Dem Deutschen schmeckt sein Sieger-Bier.
So wie ins Eckige musste das Runde,
so auch jetzt erquickendes Bier in den Schlunde.

#84
Champions League Halbfinals 2013
Bier : Vino 11:3 –
Der deutsche Fußball zieht am Spanischen vorbei.
Bayern und Dortmund haben Madrid und Barcelona besiegt.
Die Spanier haben ein paar zwischen die Hörner gekriegt.
Sauer schmeckt der Vino jetzt dem spanischen Stier.
Dem Deutschen schmeckt sein Sieger-Bier.
So wie ins Eckige musste das Runde,
so auch jetzt erquickendes Bier in den Schlunde.

#85

Vom Laufen
Es gibt mehrere Arten von Laufen
Zum Beispiel das „Laufen"
oder das „gut oder schlecht Gelaufen"
oder das „Verlaufen".

10 km *Laufen* -
verschnaufen -
ein Durstbier leer saufen.

Gut gelaufen –
jetzt ein oder zwei Feierbier am besten mit Freunden saufen.

Schlecht gelaufen -
ein Frustbier saufen,
um nicht zu verzagen
und um's abzuhaken.

Gegen (gedankliches) *Verlaufen*
lass ein Besinnungsbier reinlaufen.

Und die Moral von diesen „Sauf-Anlässen"?
Bier „hilft" generell bei „Lauf-Bedürfnissen"!

#86

Bier, der Fels in der Zeit
Gestern war das Heute noch ein Morgen.
Verwirrend? Mach dir deswegen aber keine Sorgen.
Denn wenigstens Bier bleibt Bier. Gestern, heute und morgen.

#87
Black out
Black out, weil du bist nervös;
so was macht dein Leben strapaziös.
Gegen Black out
da hilft kein Sauerkraut.
Es hilft auch kein Apfelbrei
und auch kein Leipziger Allerlei.
Aber ein Bier könnte nützen,
könnte dich künftig davor schützen.
Des Bieres feiner Alkohol und bitterer Hopfen
lassen sämtliche Nervosität an dir abtropfen.
Nur ein Bier, mehr kommt nicht in die Tüte,
denn sonst macht's dich zu sehr müde.
    Shout it out loud:
    No doubt,
    be proud.
    No more black out
    by drinking beer in little amount.

#88
Bierzeiten
Sei allzeit bereit
für passendes Bier zu jeder Zeit.
Winterzeit ist's,
wenn's schneit.
Dann ist eher Weihnachtsbierzeit.
Fastenzeit ist Starkbierzeit.
Frühlingszeit ist Bockbierzeit.
Sommerzeit ist Weizenbierzeit.
Das ist für gewöhnlich die Zeit,
wenn's nicht schneit.
Herbstzeit ist Pilszeit.
Aber natürlich kann man zu allen Zeiten
auch trinken andere Bier-Möglichkeiten.
Allzeit bereit
am besten zu zweit.

#89

Irgendwann

Irgendwann ist das Bierglas leer.
Irgendwann ist der Kasten leer.
Irgendwann ist man voll.
Toll. Toll. Toll?

#90

Lebe

Lebe! Jetzt!
Und jetzt ist jetzt.
Genießen statt grübeln und sich Sorgen machen.
Mehr lachen.
Das Leben ist zu kurz.
Selbst nach 100 Jahren ist's zu kurz.
Nur wenn man ewig leben würde, wär's lang genug.
Füll dir deinen Bierkrug.
Gönn dir ein Bier.
Und schmeckt's dir,
dann trink ein zweites Bier.
Und morgen ist bestimmt ein Tag fürs nächste Bier...
Dabei auch die lieben Freunde nicht vergessen,
mit ihnen gleich morgen zusammensitzen, Bier trinken und gut essen.

Das Leben ist kurz,
viel zu kurz.
Drum nutze die vielen kleinen Momente
bevor dein Leben ist zu Ende.
Und entspann dich ab und zu bei einem Glas Bier
im Jetzt und Hier.

#91
Bierdeckelpoet
Ich bin jemand, der Bier begehrt
und Bier auch mit Gedichten verehrt.
Somit ist klar, wer vor euch steht:
ein kleiner Bierdeckelpoet.

#92
Kundtun
Mein Mund
tut kund:
Schnell ein Bier
zu mir!

#93
Bierzeitalter
Du weißt Bescheid,
ich weiß Bescheid.
Wir leben in einer hektischen Zeit
und brauchen eine langsamere Zeit. Bist du bereit?
Nach Kunststoff- und Internetzeitalter
jetzt vielleicht das Bierzeitalter.
„Wein, Weib und Gesang" waren gestern.
Heute sind „Bier, Weib und Fußball" angesagt.
Das ist`s, was jeden Kerl kann begeistern.
Gesang ist schon lang vertagt.
In der Schnittmenge von gestern und heut sind die Weiber.
Sie bleiben zeitlos interessant mit ihren wohlgeformten Leibern.
Das Bier hat dem Wein den Rang abgelaufen.
Man genießt mehr und mehr das Bier anstatt es nur zu saufen.
Fußball ist die Unterhaltung Nummer eins.
Ich glaub, ich trink von den Bieren hier noch eins.

#94
Ücken-Bier
Mit einem Bier-Gedicht wollte ich dich beglücken
und scheinbar konnte ich dich entzücken.
Und wenn du bist entzückt,
hast du mich damit wiederum beglückt.
Dein Entzücken
ist auch mein Entzücken
bzw. mein Beglücken.
Ich glaub, ich habe mir
jetzt verdient ein Ücken-Bier.

#95
Papst-Bier
Eine Brauerei gibt's, die stellt Papst-Bier her.
Wenn du recherchierst, dann weißt du wer.
In Papst-Bier ist neben Alkohol vielleicht auch etwas Heiliger Geist drin
und somit nicht nur für den Leib, sondern auch für die Seele ein Gewinn.
Man trinkt und trinkt und fühlt sich dabei dem Himmel und Gott sehr nah
und wundert sich am nächsten Morgen, wie dies kleine Wunder geschah.

#96
An uns Zecher
Auf ihr fröhlichen Zecher,
hebt hoch eure Becher.
Trinkt leer euren Krug
in einem langen Zug.
Und habt ihr dann noch nicht genug,
bestellt schnell einen neuen vollen Krug.
Auf dass uns das Bier munde,
in dieser unserer Runde.

#97
Frühmorgens in der Kneipe
Martin schwankt,
er hat zu viele Bier getankt.
Ja, er schwankt gar sehr,
er hat aber auch 10 Bier getrunken leer.
Norbert und Peter grölen an der Theke schmutzige Lieder.
Alle Gäste haben leicht betrunkene schwere Augenlider.
So gegen Viertel nach vier
spricht der Wirt von der x-ten letzten Runde Bier.
Aber erst kurz nach acht,
wird die Kneipe dicht gemacht.
Alle haben einen bierigen Kneipenabend verbracht.
Es wurde viel getrunken, gekartelt, geredet und gelacht.
Die Letzten wissen nicht, sollen sie sich wünschen „Guten Morgen" oder „Gute Nacht".

#98
Winterschlaf
Winterschlaf machen bis Anfang Mai
dann wäre das Mistwetter vorbei.
Mittels vielem guten Bier,
schliefe man wie ein Murmeltier.

#99

Schrei nach Bier
Heiß ist's – richtig heiß.
Mir perlt der Schweiß.
Meine Zunge klebt am Gaumen.
Hab nichts zu trinken, nuckle gleich am Daumen.
Ich schwitz aus allen Poren
und red schon ganz verworren.
Kinder haben bestimmt Hitzefrei…
Hey, was red ich hier um den heißen Brei:

Ich hab Durst, unbändigen Durst,
Durst, Durst, Durst, Durst.
Ich brauch augenblicklich Bier
und zwar sofort, jetzt und hier.
Bier, Bier, Bier, Bier,
BIEEEEEEEEEEEEEER!

#100

Sommerfarben
Schau –
was ist der Himmel heut so blau.
Goldgelbes Bier vor mir im Glas.
Saftig grün ist das Gras.
Die Sonne strahlt, mir geht's gut.
Ich tanke Kraft, Freude und Lebensmut.
Deine roten Lippen lachen mich an,
so dass ich mein Glück kaum fassen kann.

#101
Sommerabend
Schwül ist's und irre warm,
in mir herrscht hochsommerlicher Durstalarm.
Cool bleiben,
abends endlich den Durst mit Bier vertreiben.
Isotonisch sich dabei Gutes tun,
die Füße hochlegen, ausruhn.
Schnell entspannt der Bieralkohol.
Herrlich so ein Sommerabend, zum Wohl!

#102
Anti-Liebesgedicht
Statt Liebe Hass,
statt Bier Essig -
seine Wut, die ist schon krass.
Er könnte ihr den Kopf abreißen,
um in ihren Hals zu scheißen.
Er könnte ihr den Arsch aufreißen
und sie aus dem Fenster schmeißen.
Er könnte ihr eine mit der Bierflasche überbraten.
Ist kein Bier zur Hand, ginge auch ein Spaten.
Diese Mordswut
tut ihm nicht gut.
Kniddelknaddeldu
und raus bist du.
Wäre schön,
sie würden sich wieder versöhn.

#103
8-zeiliger Bier-Bestellreim
Bitte,
bitte,
servier
mir
vier
Bier!
Danke,
Anke.

#104
Langeweilebier
Bei Langeweile hilft mir
und vielleicht ja auch dir
ein kühles Bier.
Aus des Bieres Schaum
entwickelt sich oft ein schöner Traum.

#105
Liebe Bierin
Du bist das, was ich nicht bin.
Du gibst meinem Leben Sinn.
Du bist das Weizen und ich das Bier.
Du machst ödes Bier zu besonderem Weizenbier.
Du bist das R und ich die Eichel.
Du machst mich über reich zum Reichel.
Du bist mein Hauptgewinn.
Ich bin der Bier und du die Bierin.

#106
Bier-Liebes-Gedichte
Bier-Liebes-Gedichte sind Gedichte für alle Liebeslagen.
Sie gelten nicht nur heute sondern an allen Tagen.
Sie sollten sein bierig, liebevoll, spritzig,
auch mal ernst, aber doch meistens witzig.
Wichtig ist, dass jeder sich in ihnen wiederfinden kann,
ganz egal, ob Frau oder Mann.

Beim Lesen der Bier-Liebes-Gedichte wird man mehr oder weniger
nach und nach und mittels begleitendem Biergenuss immer bierseliger.
Die Gedichte motivieren zum weiteren Trinken und Philosophieren
und nach noch etwas mehr Bier gehen die Gedanken nochmal so gut spazieren.

#107
Schreiben
Du liebst mich
und ich dich.
Wir trinken Bier
bei mir oder bei dir.
Oder wir lassen uns liebend durch Biergärten und –kneipen treiben.
Anderntags lässt sich vielleicht ein Bier-Liebes-Gedicht dar-über schreiben.

#108
Leer, voll – voll, leer
Das Blatt ist noch leer,
Die Bierflaschen noch voll.
Bald schon sind die Flaschen leer
und das Blatt und ich sind etwas voll.
Das Blatt mit einem neuen Gedicht über Liebe und Bier;
währenddessen bin ich besäuselt von Bier und von dir.

#109
Vatertag
Am Vatertag
steht Bier parat,
denn am Tag des Herrn
trinkt Mann Bier besonders gern.
Dehalb hat manch potentieller Vater
womöglich anderntags einen Kater.
Ratsam ist's deshalb rechtzeitig Kopfwehtabletten zu kaufen,
da das Vatertagsmotto für sehr viele heißt „Bier saufen".
Manche andern
sind nur am Wandern.
„Wandern mit Bier" – die Kombination ist's, die ich mag
an diesem Himmelfahrts-Vatertag.

#110
Bierpause
Nach `ner großen Sause,
gönn dir mal `ne Pause.
Trink mal nur Wasser mit Zitrone.
Verbring den Tag, was Bier betrifft, mal ohne.

#111
Innerer Monolog
„Ich trink im Jahr geschätzte 180 l Bier.
Ist das wenig? Ist das viel?
Weiß auch nicht, was ich soll raten mir.
Schieß ich mit der Menge übers Ziel?"

Leber: „Wie wär's mal mit Milch oder grünem Tee
statt den vielen Litern Hopfentee?"

Seele: „Halts Maul, Leber.
Du bist ein blöder Gesundheitsstreber.
Man muss den Durst löschen und das Leben genießen.
Und am besten geht das, wenn man tut's mit ein paar Bier begießen."

Fazit: Ich trink jetzt erst mal so weiter,
freu mich meist des Lebens und bin heiter.
Morgen ist ein neuer Tag,
mal schauen, ob ich mich da dasselbe wieder frag.

#112
Bier und Gesundheit
Bier ist gesund, solange es nur in Maßen durch die Kehle läuft.
Bier wird ungesund, sobald man es ständig säuft.
Was Adam und Eva ist der Apfel, ist mir
mein täglich Bier.
Ein Bier am Tag
ist gesund ohne Frag.
Drum lebe wohl
mit Bier und etwas Alkohol.
Zum Wohl!

#113
Pro Bier
Probier's mal mit Liebe und Gemütlichkeit,
beispielsweise bei etwas Bier und einer Brotzeit.
Probier's
und spätestens dann wirst du pro Bier!

#114
Auf der Wiesen
Schön ist ein Picknick auf der grünen Wiese
mit Harald, Martin, Ina und Luise.
Wir lachen über unsere Witze,
ich sitze im Gras und schwitze.
Eine Wespe summt um meine Bierflasche, die steht offen.
Sie tut wohl auf ein Schlückchen hoffen.
Ich mag aber jetzt keine Wespen, die sind nachher nur besoffen,
und man wird dann leicht von solchen von deren Stachel getroffen.
Eine andere Plage sind die Zecken.
Sie gieren mein Blut zu lecken.
Möchte man Schwitzen, Wespen und Zecken vermeiden,
um nicht unter ihnen zu leiden,
dann darf man nicht auf die Wiese.
Nur so bleibt aus die Wiesen-Kriese,
die fiese.

#115
Ratzfatz
Ratzfatz
mein Schatz
komme ich zu dir
und bringe mit sechs Flaschen Bier.
Vier für mich
und zwei für dich.
Denn ein Mann,
der kann
eben mehr vertragen
an so durstigen Tagen.
Gut für mich,
Pech für dich ;-)

#116
Bier-Vergleiche
Alkoholfreies Bier ist wie ein Wangenkuss.
Schön und ungefährlich.
Alkoholhaltiges Bier dagegen wie ein Zungenkuss.
Leidenschaftlich und gefährlich.
Einmal mag man dies,
ein andermal mag man das.

#117
Trink mit mir
Möchtest du mir eine Freude machen,
dann trink mit mir
ein Bier.
Möchtest du mir eine noch größere Freude machen,
dann trink mit mir
zwei Bier.
Liebst du mich,
dann gib mir
einen Kuss zu jedem Bier <3

#118
Vom Laufen und Saufen
Der eine joggt seine 10 km jeden Tag.
Der andere trinkt seine 6 Bier jeden Tag.
Der eine ist Gewohnheitsläufer.
Der andere Gewohnheitssäufer.
Der eine liebt das Laufen.
Der andere das Saufen.

#119
Irgendwann ist's so weit
Irgendwann ist`s endlich soweit.
Irgendwann kommt die berufsfreie Zeit.
Nicht mehr müssen müssen.
Mehr Zeit haben zum Küssen.
Auch mehr Zeit haben für ein gemütliches Bier
- das wünsche ich dann dir und mir.

#120
Bierwesen
Komme mit etlichen Bieren intus heim,
setze mich hin und reim:
Ich hab über mehrere Stunden
so manches Bier getankt,
trotzdem hab ich gut heim gefunden -
Gott sei's gedankt.

Mein liebes Kind,
meine heutigen gewonnenen Erkenntnisse sind:
Männer sind meist Bierwesen,
Frauen eher Weinwesen.
Wir können an Bier und Wein genesen,
können dabei Energie und Freude tanken,
auch dafür möchte ich Gott danken.

PS: Meine Freundin ist ein bierliebendes strahlendes Lichtwesen.
In ihrer Nähe kann ich alle kleinen Sorgen vergessen.
Sie tut mir sehr oft jeden Wunsch von den Lippen ablesen.

#121
Keine falsche Zier beim Freibier
Kommt und trinkt, ihr lieben Leut,
es gibt Freibier heut!
Bescheidenheit ist zwar eine Zier,
doch besser trinkt sich's ohne ihr.
Denn von Freibier trinkt man nie genug,
also, her mit dem nächsten vollen Krug.
Spätestens nach zwei Bier siegt die Gier
vollends über jegliche zurückhaltende Zier.

#122
Dafür
Ich bin dafür,
ich bezahle dir das nächste Bier.
Ich wünsche mir dafür
„nur" einen Kuss von dir.

#123
Ode an das Ethanol (chemisch gesehen)
Nicht Benzol, auch nicht Menthol,
kein Phenol oder Stanniol
tun mir wohl.
Ein Alkohol ist's, aber nicht Glykol,
schon gar nicht Methanol.
Nein - Ethanol, der Trinkalkohol,
besonders in Form von Bieralkohol,
tut mir wohl.
Ethanol ist in der Chemie
mein liebstes Genie.

#124
Prost
Prost – Hoch die Biere!
Seien wir vernünftig wie die Tiere.
Auf dich
und mich!
Auf uns!
Grunz, grunz.
Sind wir morgen blau,
wau, wau,
dann trinken wir Kakao.
Miau, miau.

#125
Minne mit Bier
Du bist min, ich bin din.
Ich würde dich jedem Bier vorzieh'n.

#126
Genuss
Leute, ich hab festgestellt,
dass Liebe und Genuss wichtig sind auf dieser Welt.
Drum liebe ich dich
und ein wenig auch mich.
Und trinke mit dir
liebend gerne zusammen Bier.

#127
Mitgezählt
Die ersten viere
der getrunkenen Biere
gegen der Durst, den riesigen,
der mit einem ist nicht zu befriedigen.
Eins dann vorbeugend gegen jeglichen Frust,
eins danach aus Lust
und noch eins für den Genuss
schließlich zum Schluss.
Insgesamt sind's somit sieben;
der Bierfreund tut die Sieben lieben.

#128
Sommergefühle
Sommer, Sonne – unglaublich, wie durstig ich bin.
Nach einem kühlen, erfrischenden Bier steht mir der Sinn.
Ich fülle mir eine Flasche davon in meinen Krug
und merke, von gutem Bier kriege ich nie genug.

Unglaublich auch, wie verliebt ich bin.
Nach dir steht ebenso mir der Sinn.
Bist du nicht da, vermisse ich dich.
Mir wird klar: Ich liebe dich.
Wir trinken, küssen und trinken, küssen
und machen nur Pause, wenn wir atmen müssen.

Im Sommer ist's zwar sehr sehr warm.
Doch wenn ich hab dich im Arm
und ein kühles Bier im Glas,
dann macht erst ein heißer Sommerabend Spaß ;)

#129
Kühl
Hier ist's irre schwül.
Kein Bier ist mir zu kühl.
Ich lass den Schweiß außen rinnen
und kühl mich jetzt von innen.

#130
Sommerlicher Biertipp
Kühles Bier sollst du im Schatten trinken,
anstatt im sommerlichen Schweiße zu ertrinken.
Also, schau zu, dass abends kühles Bier durch deine Kehle rinnt,
ansonsten wirst du dehydriert und dein Körper spinnt.
So aber wirst du erfrischt und therapiert,
so dass alles wieder funktioniert.

#131
Was? Das!
Was macht heiter und glücklich?
Was stimmt froh und lieblich?
Was vertreibt die kleinen Sorgen?
Was lässt dich an heute denken und nicht an morgen?
Was macht den Kopf frei?
Ganz klar, ein bieriges Hopfengebräu!

#132
Natur, Weib und Bier
Ich liebe die herrliche Natur.
Sie ist für mich einfach Erholung pur.
Als Allesbiertrinker trinke ich fast jedes Bier.
Hauptsache, es schmeckt mir.
Du tust auch nicht mit deinen Reizen geizen.
Darauf trink ich jetzt mit dir im Biergarten ein Hefeweizen!

#133
Sehnsucht
Ich denk an dich,
ich liebe dich.
Du bist nicht da – furchtbar.
Mir wird schmerzlich klar:
Ich werde heimgesucht
von fürchterlicher Sehnsucht.
Diese Sehnsucht nach dir
ist noch schlimmer als durstiges Verlangen nach Bier.

#134
Eins, zwei, drei
Kein Bier ist gern allein.
Bier möchte zu zweit sein.
Und sind sie dann zu zwei'n,
hört man sie schrei'n:
Bitte, bitte,
wo bleibt das Dritte?!

#135
Glück
Das Glück der Erde, so scheint mir,
liegt in einer vollen Flasche mit gutem Bier.

#136
Gestern, Heute, Morgen
Damit ihr's wisst, ihr lieben Leute,
Bier trank ich gestern, Bier trink ich heute.
Und macht euch keine Sorgen,
Bier trink ich auch noch morgen.

#137
Bier-Dankgebet
Lieber Gott, gedankt sei dir
für das herrliche Bier.

Lieber Gott, du hast mir so oft aus meiner Not
geholfen mit durstlöschendem flüssigen Brot.

Lieber Gott, dir zur Ehr
trink ich jetzt mein volles Bierglas leer.

Lieber Gott, nochmals vielen Dank
für den köstlichen Bier-Trank.

#138
Sehnsüchte
Meine Kehle hat Durst auf Bier.
Herz und Seele dürsten nach dir.
Bier hab ich hier;
nur du bist fern von mir.
Mit Bier kann ich die Herzenssehnsucht nicht stillen.
Ich trink trotzdem noch eins und versuch zu chillen.

#139
Tätigkeiten
Der Lehrer unterrichtet.
Der Dichter dichtet.
Der Maurer baut.
Der Brauer braut.
Die Katze miaut.
Der Dieb klaut.
Das Bier schäumt.
Der Alfred träumt.
Er träumt von Bier
und von ihr.

Der Musiker musiziert.
Der Hooligan randaliert.
Der Fahrer fährt.
Die Hefe gärt.
Der Metzger wurstet.
Der Alfred durstet.
Ihn dürstet nach Bier
und nach ihr.

#140
Bierliebe
Er konnte Bier gut leiden
und umgekehrt auch.
Er blieb beim Biertrinken selten bescheiden
und füllte sich deshalb gerne mit Bier seinen Bauch.
Er und Bier hatten sich sehr gern.
Sie blieben sich nie lange fern.
Als Zeichen ihrer Liebe bekam er ein Bierbäuchlein,
Er stellte sich vor, der wäre gefüllt mit lauter kleinen
Bierkinderlein.
Er war sehr stolz auf sein bierschwangeres Bäuchlein
und fand blöde Bemerkungen darüber echt gemein.

#141

Herrlich
Ach, ist das Leben nach 6 Bier nicht herrlich?!
So einfach, sorglos. Sag mal ehrlich?
Oder ist das Leben nur geschönt,
weil man hat sich zugedröhnt?

#142

Liebesnacht
Er machte auf dicke Hosen
und schenkte ihr 50 Rosen.
Nur eines hat er nicht bedacht:
Er hat kein Bier mitgebracht.
Oje, schlechte Nacht.
Nix war's mit der Liebesnacht.

#143

Charme
Hab Geld in der Tasche,
noch Bier in der Flasche,
meine Freundin im Arm,
mein Leben hat Charme.

#144

Rangfolge
Ob Kurzhaar oder lang – ganz egal,
meine Freundin ist für mich die erste Wahl.
Meine Liebe gehört ihr.
Bier kommt erst auf Platz zwei, drei oder vier.

#145
Auf uns
„Auf dich."
„Auf dich
und mich."
„Auf uns beide,
trinken wir's endlich aus, das vergorene flüssige Getreide."

#146
Zum Schluss (Nachwort)
Zum Schluss bleiben dir, dir, dir und mir
nur die Liebe und das Bier.
Prost und 'nen Kuss
zum Schluss.

Inhaltsverzeichnis

Vorwort des Autors

Nr. 1	Ich liebe dich – Bier-Liebes-Gedicht (ohne Bier)
Nr. 2	Stärke (Schwäche)
Nr. 3	Liebeserklärung
Nr. 4	Du
Nr. 5	Liebe Bierkönigin
Nr. 6	Liebe
Nr. 7	Zärtlichkeiten
Nr. 8	Love
Nr. 9	Die schönsten Stunden
Nr. 10	Anziehungskraft
Nr. 11	Bierentdeckung
Nr. 12	Ich liebe dich und Bier
Nr. 13	Sehnen
Nr. 14	Lust
Nr. 15	Hochgenuss mit Bier und Dir
Nr. 16	Bierküsse
Nr. 17	Tagesschluss

Nr. 18	Bierische Angebote
Nr. 19	Versüßt
Nr. 20	Biersuppe, -soße, -königin
Nr. 21	Wochenendbeziehung
Nr. 22	Bauchnabel voller Bier
Nr. 23	Entzückend
Nr. 24	Rund um die Uhr
Nr. 25	Dinge für die Ewigkeit
Nr. 26	Hoffnungen
Nr. 27	Liebesbekenntnisse
Nr. 28	Wende mit Bier und Liebe
Nr. 29	Bei Bier und Wein
Nr. 30	Frühlingsimpressionen
Nr. 31	Schön, schöner, am schönsten
Nr. 32	Liebesschluss mit Bier
Nr. 33	Paradiestraum
Nr. 34	Allein bei Bier und Wein
Nr. 35	Gutes Bier mit Kuss
Nr. 36	Wartebier
Nr. 37	Ja
Nr. 38	Die Liebe hört niemals auf (Bibelspruch)
Nr. 39	Mir, bitte ein Freibier!
Nr. 40	Ängste
Nr. 41	Bier im Glas
Nr. 42	Halbvoll
Nr. 43	Erinnerungsfetzen
Nr. 44	We love drinking beer
Nr. 45	Beer
Nr. 46	Dear beer
Nr. 47	Beer-prayer
Nr. 48	Amsterdam
Nr. 49	Die Bier-Freundin
Nr. 50	Noch 1 Tag
Nr. 51	Keine Zeit
Nr. 52	Bier – Die Antwort
Nr. 53	Lauf der Zeit
Nr. 54	Wünsche & Sehnsüchte
Nr. 55	Bauchgefühl
Nr. 56	Drehwurmbier
Nr. 57	Vom Denken, Trinken, Lieben
Nr. 58	Maxx Liebe
Nr. 59	Kuriosität in blau
Nr. 60	Neulich bei der Verkehrskontrolle

Nr. 61	Frohe Ostern
Nr. 62	Kalt
Nr. 63	Nikolausbier
Nr. 64	Besinnliche Adventszeit
Nr. 65	Gedanken beim Weihnachtsbier
Nr. 66	Frohe Weihnachten
Nr. 67	Schwäbisches Evangelium nach Reichel
Nr. 68	Bierklöße
Nr. 69	Biertrinken
Nr. 70	Bier – was sonst
Nr. 71	Konterbier
Nr. 72	Abzählreim für Biertrinker
Nr. 73	Schwüre
Nr. 74	Nie zu spät
Nr. 75	Bierlöslichkeit
Nr. 76	Chronische Biertrinker
Nr. 77	Biereierlikör
Nr. 78	Liebesdurst
Nr. 79	Bier und/oder Liebe
Nr. 80	Liebesbier
Nr. 81	Vfb - FC Bayern (19. Spieltag am 27.1.2013)
Nr. 82	Lazio Rom – VfB (14.3.2013)
Nr. 83	VfB Stuttgart – SC Freiburg 2:1!! (17.4.2013)
Nr. 84	Champions League Halbfinals 2013
Nr. 85	Vom Laufen
Nr. 86	Bier, der Fels in der Zeit
Nr. 87	Black out
Nr. 88	Bierzeiten
Nr. 89	Irgendwann
Nr. 90	Lebe
Nr. 91	Bierdeckelpoet
Nr. 92	Kundtun
Nr. 93	Bierzeitalter
Nr. 94	Ücken-Bier
Nr. 95	Papst-Bier
Nr. 96	An uns Zecher
Nr. 97	Frühmorgens in der Kneipe
Nr. 98	Winterschlaf
Nr. 99	Schrei nach Bier
Nr. 100	Sommerfarben
Nr. 101	Sommerabend
Nr. 102	Anti-Liebesgedicht
Nr. 103	8-zeiliger Bier-Bestellreim

Nr. 104   Langeweilebier
Nr. 105   Liebe Bierin
Nr. 106   Bier-Liebes-Gedichte
Nr. 107   Schreiben
Nr. 108   Leer, voll – voll, leer
Nr. 109   Vatertag
Nr. 110   Bierpause
Nr. 111   Innerer Monolog
Nr. 112   Bier und Gesundheit
Nr. 113   Pro Bier
Nr. 114   Auf der Wiesen
Nr. 115   Ratzfatz
Nr. 116   Bier-Vergleiche
Nr. 117   Trink mit mir
Nr. 118   Vom Laufen und Saufen
Nr. 119   Irgendwann ist's soweit
Nr. 120   Bierwesen
Nr. 121   Keine falsche Zier beim Freibier
Nr. 122   Dafür
Nr. 123   Ode an das Ethanol (chemisch gesehen)
Nr. 124   Prost
Nr. 125   Minne mit Bier
Nr. 126   Genuss
Nr. 127   Mitgezählt
Nr. 128   Sommergefühle
Nr. 129   Kühl
Nr. 130   Sommerlicher Biertipp
Nr. 131   Was? Das!
Nr. 132   Natur, Weib und Bier
Nr. 133   Sehnsucht
Nr. 134   Eins, zwei, drei
Nr. 135   Glück
Nr. 136   Gestern, Heute, Morgen
Nr. 137   Bier-Dankgebet
Nr. 138   Sehnsüchte
Nr. 139   Tätigkeiten
Nr. 140   Bierliebe
Nr. 141   Herrlich
Nr. 142   Liebesnacht
Nr. 143   Charme
Nr. 144   Rangfolge
Nr. 145   Auf uns
Nr. 146   Zum Schluss (Nachwort)

Bisher sind von Alfred Reichel bei Books on Demand
folgende Bücher erschienen:

Bier-Gedichte
2012

Noch mehr Bier-Gedichte
2013

Bier-Liebes-Gedichte
2013